Du statut de la connaissance à la conception du devoir chez Emmanuel Kant

Mac David BINKOUNI MINKALA

Du statut de la connaissance à la conception du devoir chez Emmanuel Kant

L'Harmattan
Congo-Brazzaville

5-7, rue de l'Ecole-Polytechnique, 75005 Paris
http://www.editions-harmattan.fr
ISBN : 978-2-343-18409-8
EAN : 9782343184098

Introduction

Deux substantifs ou concepts constituent l'objet de la rédaction de cet opuscule, à savoir « le devoir » et « la connaissance » chez Emmanuel KANT. En effet, « le devoir » comme substantif est pourvu de plusieurs acceptions, que nous nous abstenons d'étaler en détail. Mais, au sens où nous entendons l'aborder, il signifie assurément une obligation morale, c'est indubitablement se situer au centre de la philosophie de Kant, où il répond à la question : que dois-je faire ? L'analyse des questions que se pose Kant, et qui constituent toute sa philosophie, rend manifeste la prépondérance du sujet humain. De ce fait, morale et humain sont corrélatifs. Car, sans l'homme, la morale n'en est pas une, sans la morale non plus, l'homme ne serait guère considéré ainsi que nous le prétendons, comme étant supérieur aux autres créatures. La morale, à cet effet, est saisie comme étant une spécificité qui permet de distinguer l'homme de l'animal. L'homme ne se distingue de l'animal qu'en tant qu'il est un être raisonnable, et donc capable de poser des actes de façon consciente et d'en juger la teneur. À y observer de près, sans doute ressort-il que, chez l'homme, il y a généralement, selon qu'il peut poser un acte de façon consciente, une conscience dite immédiate ou spontanée, qui renvoie à la simple présence de l'homme à lui-même quand il pense, sent, agit, etc., et une conscience réfléchie, en tant qu'il est capable de faire un retour sur ses pensées ou actions, et, ainsi, de les analyser et de les juger. Ainsi, la question portant sur l'agir humain, qui est à la base de la philosophie morale, a été entreprise dès l'antiquité. Mais celle-ci, au cours de l'histoire, a connu une évolution constante. La morale antique se base fondamentalement sur la finalité de l'existence humaine, ou, mieux, le but poursuivi par son action. En cela, la plupart des philosophes antiques énoncent le bonheur comme la fin suprême de cette existence. Cette façon de concevoir la morale paraît à l'égard de Kant comme un sujet à caution et inutile, auquel il donne une portée métaphysique à travers le concept du devoir.

Par ailleurs, pour ce qui est de la connaissance, force est de noter que cette question a suscité diverses controverses, en ce sens qu'elle a engendré nombre de courants philosophiques ; entre autres le rationalisme, l'empirisme et le criticisme. Lesdits courants ont tenté de répondre à cette question de l'origine de la connaissance. Toutefois, il faut reconnaître qu'au sujet de cette thématique les avis sont souvent variés et contradictoires. De ce fait, les empiristes font de l'expérience, au sens large, l'unique source de la connaissance. Les rationalistes, par contre, affirment que la connaissance émane des idées innées, mieux, de la raison. De ces deux courants surgit le criticisme kantien qui vient tirer les choses au clair, en montrant que la connaissance résulte de l'union de deux éléments, à savoir la sensibilité et l'entendement. Au regard de ces élucubrations, il importe de nous poser les questions suivantes : en quoi consiste le devoir chez Kant ? Comment l'esprit humain vient-il à connaître ? Quelle est la source ou l'origine de la connaissance ?

Chapitre I
Débat entre les empiristes et les rationalistes

I-1- Délimitation terminologique du concept « connaissance »

Au sens étymologique, le vocable connaissance est d'après les latinistes « cum nascere », qui signifie naître avec ; « cognoscere », acte de connaître. De cette étymologie découle l'idée d'adéquation. D'où « adequatio intellectus rei est » traduisant adéquation de l'esprit à la chose. C'est dans ce sens qu'Henri Bergson stipule que « la connaissance est fusion de l'esprit avec l'objet ». C'est dire que connaître pleinement, profondément, c'est faire un avec la chose, s'identifier à la chose, s'installer dans le réel pour entrer en lui. Ainsi la connaissance se donne-t-elle à comprendre du point de vue spécifique comme une activité intellectuelle, réfléchie et scientifique. C'est un pouvoir, une puissance, une possibilité que l'homme a de déterminer, de caractériser un objet. Connaître c'est donc avoir présent à l'esprit une chose.

I-2- Opinion rationaliste de la connaissance

D'entrée de jeu, il sied d'expliciter le concept « rationaliste ». Ce dernier comme nous l'avons susmentionné se définit comme une doctrine ou un courant qui prône le primat de la raison humaine. Selon cette doctrine, toutes nos connaissances proviennent de la raison, elle pose donc la raison comme innée, indépendante de l'expérience. Platon et Descartes sont les philosophes représentatifs de ce courant.

En effet, pour Platon, la connaissance est essentiellement rationnelle, réminiscence, c'est-à-dire chercher et apprendre, ce qui n'est autre chose que se souvenir, se rappeler. De quoi l'on se souvient ? De quoi se rappelle-t-on ? L'on se rappelle, l'on se souvient des idées innées qui sont dans l'âme, donc en chacun de nous. Ceci résultant de la contemplation des essences éternelles, les réalités intelligibles avant leur incarnation dans le monde sensible. Platon distingue donc deux mondes dans le domaine de la connaissance, à savoir le monde sensible et le monde intelligible. Le monde sensible est le monde du changement, de la multiplicité et de la diversité, le monde d'illusions, d'instabilité, de la dégradation et de la corruption. Par contre, le monde intelligible est un monde de l'immuabilité, un monde fait d'idées stables. Fort de cette réalité, Platon écrit : « Il y a deux mondes ou plutôt deux niveaux de l'être : posons qu'il y a deux espèces d'être, l'un visible, l'autre invisible. Posons également que celui qui est invisible garde toujours son identité tandis que celui qui est visible ne la garde jamais »[1].

Ainsi Platon pense-t-il que pour qu'une connaissance authentique soit possible, il faut donc un monde fait d'êtres non changeants, sans cesse identiques à eux-mêmes, éternels : les idées ou essences. Car, selon lui, les sens sont limités au monde sensible et ne nous révèlent que des illusions de ce monde. L'expérience sensible ne rapporte que des apparences trompeuses d'un monde constamment changeant. Par conséquent, ce monde qui s'offre aux sens ne saurait incarner la vérité pure. Pour cela, Platon préfère

---

[1] Platon, *Phédon*, 78c et s, tradition Guillermit, Paris, Jean Vrin, 1986.

recourir à l'âme comme seule faculté permettant à l'homme de s'élever du monde sensible, lieu des illusions, vers le monde intelligible en vue de contempler la vérité pure. C'est dire que d'après l'innéisme platonicien, avant de s'incarner dans un corps, l'âme a visité le ciel des idées. De fait, toute vérité est connue dès la naissance. De notre vivant, nous ne pratiquons que la réminiscence pour se souvenir à nouveau des vérités que nous avons observées dans le monde intelligible. Cette manière de voir ou de concevoir les choses montre que seule l'âme a la capacité non seulement de connaître mais aussi d'établir la vérité.

René Descartes montre aussi à son tour que la vraie connaissance est rationnelle. Il s'appuie sur l'intuition intellectuelle et rationnelle qui est le cogito et les idées innées comme sources véritables de notre connaissance. Pour lui, toutes nos connaissances procèdent de la raison. L'âme est plus aisée à connaître car l'homme trouve dans le trésor de son esprit les principes innés qui sont l'œuvre de Dieu, le seul qui garantit la vérité. Les idées vraies sont les idées innées parce qu'elles sont l'œuvre de Dieu que nous avons dans notre âme dès la naissance. Or, les sens sont trompeurs. Ils sont la source d'erreurs et de fausses connaissances. La connaissance qui provient des sens est illusoire, apparente et fausse. C'est pourquoi il convient de douter de tous les témoignages sensibles pour n'accorder du prix qu'à la raison comme seule faculté capable d'apprécier, de juger et de discerner clairement le vrai du faux.

Autrement dit, si nos sens nous trompent, et, par conséquent, nous éloignent du vrai, Descartes opte alors pour la raison comme seule faculté permettant d'atteindre l'évidence, c'est-à-dire l'idée claire et distincte. Fort de ce constat, Descartes stipule : « Il y a quelque temps que je me suis aperçu que, dès mes premières années, j'avais reçu quantité de fausses opinions pour véritables et que ce que j'ai depuis fondé sur des principes si mal assurés ne pouvait être que fort douteux et certain ; de façon qu'il me fallait entreprendre sérieusement une fois en ma vie de me défaire de toutes les opinions que j'avais reçues jusqu'alors en créance, et commencer tout de nouveau dès les fondements, si je voulais établir quelque chose de ferme et de constant dans les sciences »[2]. C'est pour ainsi dire que nous devons faire entièrement fi des sens. Car, ils sont trompeurs.

En sus de cela, Descartes nous fait comprendre que le meilleur moyen de parvenir à une certitude parfaite est de soumettre les prétendues vérités à l'épreuve d'un doute méthodique. Ce dernier diffère de celui des sceptiques, qui ne doutent que pour douter. Ici, il s'agit de la remise en question de nos connaissances qui doivent obéir à une méthode : « Par méthode, j'entends des règles certaines et faciles, grâce auxquelles tous ceux qui les observent exactement **ne supposeront** jamais vrai ce qui est faux, et parviendront, sans se fatiguer en efforts inutiles mais en accroissant progressivement leur sens, à la connaissance vraie de tout ce qu'ils peuvent atteindre »[3].

Il va donc sans dire que c'est le doute méthodique qui nous fait parvenir à la vraie et authentique connaissance. Ainsi, au milieu du doute, Descartes parvient à une proposition : « Cogito ergo sum », c'est-à-dire : « Je pense donc je suis ». C'est une proposition qui résiste absolument à l'épreuve du doute. Au regard de ce qui précède, force est de dire grosso modo qu'aux yeux du rationalisme l'expérience ne saurait donner la connaissance véritable.

---

[2] R. Descartes, *Méditation métaphysique (1641), « première Méditation »*. Paris, Hatier, collection « Les classiques Hatier de la philosophie », 1999, p. 21.

[3] Règles pour la direction de l'esprit, règle 4, in Descartes, *Œuvres, Lettres*, La Pléiade, Gallimard, Paris, p. 46.

I-3- Opinion empiriste de la connaissance

L'empirisme vient du grec « empeiria » signifiant l'expérience. C'est donc une théorie faisant de l'expérience au sens large, et non au sens restreint d'expérimentation scientifique, l'unique source de la connaissance. Cette doctrine est aux antipodes du rationalisme principalement de l'innéisme. Elle affirme que toutes nos connaissances proviennent de l'expérience par l'entremise des sens. Ce qui revient à dire que la connaissance est essentiellement en contact avec la réalité, le monde extérieur. Elle est donc empirique, voire sensible. Bref, John Locke, David Hume et Georges Berkeley sont les tenants de cette doctrine appelée l'empirisme. En effet, il convient de dire que le contact avec la réalité a permis à Georges Berkeley d'affirmer qu'il est fou de mépriser les sens, car sans eux l'esprit ne peut atteindre aucun savoir. Puisque « esse est percipi » ; exister c'est être perçu, déclare-t-il, ou encore « esse est percipere » ; exister c'est percevoir. Ceci pour dire que, d'après Berkeley, pour exister nous devons observer nos propres sensations, lorsqu'on ne les observe pas, les choses doivent continuer à être perçues par Dieu.

John Locke, quant à lui, présentait l'esprit humain comme une « tabula rasa », c'est-à-dire une table rase. C'est dire que l'âme à la naissance ne possède aucun savoir. Donc, tout ce que l'homme possède, en termes de connaissance, a d'abord été dans les sens. Toutes les idées lui sont fournies par le simple usage de ses facultés naturelles. Les sens sont donc pour Locke le point de départ de toute connaissance. C'est pour cette raison qu'il écrit : « Supposons donc au commencement, l'âme est ce qu'on appelle une table rase, vide de tous caractères, sans aucune idée quelle qu'elle soit. Comment vient-elle à recevoir les idées ? (…) je réponds en un mot, de l'expérience ».[4] Il ressort de cette pensée lockéenne que rien ne peut exister dans l'entendement sans être passé par les sens et que l'homme n'entre en contact avec son environnement qu'au moyen des sens. C'est d'abord par l'expérience sensible que l'homme s'informe sur le monde extérieur. Par la vue, l'homme s'instruit sur la forme et la valeur des objets extérieurs, par le toucher il se fait une idée de la nature des objets, par l'ouïe il distingue les sons, par le goût il apprécie les saveurs, et enfin par l'odorat il distingue les senteurs et les odeurs. Aucune idée du monde ne peut s'imprimer dans l'esprit humain si elle ne résulte pas de la sensation visuelle, tactile, auditive, gustative ou olfactive.

Aussi, force est de dire que la critique de Locke porte beaucoup plus sur l'innéisme en s'opposant à la théorie cartésienne des idées innées et produit une théorie sensualiste sur l'origine et la formation des idées. Locke pense que le bon sens n'est pas la chose la mieux partagée du monde et qu'il n'existe des vérités nécessaires et universelles, des valeurs sur lesquelles tout le monde s'accorde. Il se propose de montrer aussi dans son *Essai sur l'entendement humain* par quel moyen l'entendement vient à se former des idées qu'il y a des choses, de marquer les bornes de la certitude, définir les limites qui séparent l'opinion de la connaissance. Il distingue en effet les idées simples et les idées complexes, et pour lui les idées complexes se ramènent à des idées simples, qui toutes sont issues de l'expérience. Ainsi, sont dites complexes les idées que l'esprit humain peut produire lui-même par association d'idées simples ; et sont dites simples les idées que l'esprit ne peut produire, qu'il doit nécessairement recevoir de l'expérience.

---

[4] J. Locke, *Essai sur l'entendement humain*, Paris, Vrin, 1972, p. 60.

Dès lors que la conception de Locke nous montre à suffisance que l'origine des idées est explicable par l'expérience, le recours à leur impression dans l'âme s'avère donc inutile. Fort de ce constat, nous pouvons dire que l'innéisme des idées est inconcevable chez John Locke. En outre, il faut souligner que l'expérience chez John Locke se subdivise en deux sources, à savoir la sensation et la réflexion. D'où les idées-sensations et les idées-réflexions. Ainsi, entend-il par sensations les impressions faites sur nos sens par les objets extérieurs et première source de nos idées, parce que nous supposons que toute idée est d'abord et avant tout formulée en fonction des objets extérieurs. Tandis que les idées de réflexion c'est la réflexion de l'esprit sur ses propres opérations à partir des idées de sensation. De là, trouve sens l'affirmation selon laquelle « j'entends par réflexion, la connaissance que l'âme prend de ses différentes opérations, par où l'entendement vient à s'en former des idées »[5].

Il ressort de cette définition lockéenne que les idées qui sont dans l'âme ne sont pas telles qu'elles ont été fournies par la sensation. Mais, c'est par le truchement de la réflexion qu'apparaissent dans l'esprit les nouvelles idées. Pour cela, il sied de dire que si la sensation est l'expérience extérieure et la première source des idées, la réflexion est donc l'expérience intérieure et la deuxième source des idées. Ces deux types d'expériences constituent par conséquent les deux sources indéniables d'où découlent toutes les idées que nous possédons.

David Hume aussi convient avec John Locke que toutes nos idées émanent inéluctablement des sens. Ce dernier fait dans sa conception empiriste le distinguo essentiel entre ce

[5] Ibidem, p. 61.

qu'il appelle les impressions et les idées. Ce que Bergson appellera les données immédiates de la conscience. En effet, d'après Hume, les impressions et les idées sont deux catégories qui procèdent des perceptions. Et il entend par impressions, nos perceptions les plus vives en ce sens qu'elles sont ressenties immédiatement. Les idées quant à elles renvoient aux perceptions non pas telles qu'elles sont ressenties, mais telles qu'elles sont représentées dans la mémoire. Convaincu de cette expérience, il incombe donc à dire que les idées que nous possédons n'existent pas a priori, mais doivent leur existence des sens, mieux des impressions vives. C'est dans cet ordre d'idées que David Hume écrit : « L'esprit est d'abord impression, sensation. Le penser repose sur le sentir ».[6] C'est pour ainsi dire que si le penser repose sur le sentir, l'idée n'a d'autre source que les sens.

En outre, il convient d'ajouter qu'aux yeux de Hume tout le raisonnement expérimental par lequel je conclus du présent à l'avenir repose sur le principe de causalité. Il y a dans l'idée causale le poids de mon habitude. Ainsi, toutes les fois que la répétition d'une opération ou d'un acte particulier produit une tendance à renouveler le même acte ou la même opération sans l'impulsion d'aucun raisonnement ou processus de l'entendement, nous disons toujours que cette tendance est effet de l'accoutumance. À force d'observer donc le même phénomène, l'esprit finit par saisir la cause qui provoque l'effet. À titre d'exemple, si l'homme constate qu'à chaque fois qu'il chauffe de l'eau elle finit par bouillir, alors il peut déduire que l'ébullition est la conséquence de l'échauffement ou mieux encore l'échauffement est la cause immédiate de l'ébullition qui n'est qu'un effet. L'expérience est donc désignée ici par

---

[6] D. Hume, *Enquête sur l'entendement humain*, Paris, Flammarion, 1983, p. 20.

Hume comme le fondement de nos conclusions concernant l'idée de causalité. Voilà pourquoi, il écrit : « La connaissance résulte de l'habitude, c'est-à-dire de l'association des petites impressions produites par les sens »[7]. De cette affirmation, il découle l'idée selon laquelle l'habitude fonde la connaissance.

À cela, Hume ajoute que toutes les idées dans l'imagination ou dans la mémoire peuvent s'associer selon trois types de connexion, à savoir la ressemblance, la contiguïté dans le temps et l'espace puis la causalité qui n'est autre que la relation de cause à effet. Cependant, il accorde au dernier type, donc à la causalité, un intérêt particulier. Il démontre la liaison causale établie par l'esprit entre des faits. Par exemple, nous avons beau être certains que le soleil se lèvera demain, il est rigoureusement impossible de le prouver. Mais notre certitude ne repose en tout et pour tout que sur l'habitude de le voir se lever. C'est dire que la nécessité causale n'existe pas dans les choses mais dans l'esprit et que toutes les opérations mentales s'expliquent par le jeu de l'association des idées fonctionnant corrélativement avec les sensations.

---

[7] D. Hume, *Enquête sur l'entendement humain*, Aubier-Montaigne, Paris, 1968, p. 28.

Chapitre II
La théorie de la connaissance chez Emmanuel Kant

II-1- L'idée critique chez Emmanuel Kant

D'entrée de jeu, il sied de signifier qu'à travers cette critique kantienne c'est le problème de la science qui est posé, mieux, le problème de la constitution de l'expérience. Kant explore et examine dans *Critique de la raison pure* le problème de la métaphysique, son statut, sa légitimité, sa possibilité comme science.

En effet, pour une bonne compréhension de ce problème qui semble aporique, il convient de remonter au Siècle des lumières, lequel siècle Kant assimile à la critique. Puisqu'il dit dès la préface de la première édition de *Critique de la raison pure* que notre siècle est particulièrement le siècle de la critique à laquelle il faut que tout se soumette. La religion, alléguant sa sainteté et la législation, sa majesté veut d'ordinaire y échapper ; mais alors elle excite contre elle de justes soupçons et ne peut prétendre à cette sincère estime que la raison accorde seulement à ce qui a pu soutenir son libre et public examen. Il s'agit ici du XIIIe siècle, siècle au cours duquel le monde connut l'explosion du savoir ou de la raison par nombre de penseurs, parmi lesquels figurent René Descartes, Leibniz et Wolf. À cette époque, certaines sciences, à l'instar de la mathématique ou la physique, présentaient des certitudes objectives et universellement valables.

Aussi ces penseurs précités avaient-ils fait de la raison quelque chose d'indubitable en ce sens que la raison pouvait tout expliquer et comprendre, même les réalités nouménales. Tandis que la métaphysique était restée au stade du tâtonnement et du désaccord profond avec son objet. C'est sur ces entrefaites que Kant, constatant l'insuccès de cette « pseudoscience » et soucieux de l'intégrité de la connaissance, prit l'initiative de soumettre la métaphysique à la critique dans le but de la reconstruire sous les bases scientifiques et de délimiter le champ du pouvoir de la raison cherchant à penser l'impensable, à expliquer l'inexplicable. La tâche de la critique kantienne consistera donc à soumettre à l'examen non point les faits de la raison, mais la raison même en ce qui concerne tout son pouvoir et toute la capacité qu'elle a d'arriver à des connaissances pures et a priori. C'est dans cette perspective que David Mavouangui écrit : « La critique est l'instrument par excellence qui doit guider l'humanité, assurer le progrès des connaissances et des mœurs »[8]. Ceci pour dire que la critique au sens kantien du terme favorise le progrès des sciences.

En outre, force est de dire que Kant considère la métaphysique classique comme dogmatique. Il nous fait savoir qu'elle n'arrive pas à se constituer en une science véritable parce qu'elle se fixe des objectifs inaccessibles, notamment la connaissance des noumènes tels que Dieu, l'âme, la liberté, les choses en soi totalement inconnaissables du point de vue de l'entendement. À cette métaphysique honteuse et vermoulue de Descartes, Leibniz et Wolf, qui fait de Dieu, l'âme, la liberté un objet de connaissance, Kant pense y substituer une métaphysique

[8] D. Mavouangui, *Emmanuel Kant : Introduction à sa philosophie critique*, Paris, Paari, 2003, p. 13.

morale, scientifique à partir de la critique transcendantale. Aussi Kant dénonce-t-il cette tendance métaphysique de faire fi des réalités sensibles. Pour lui, sans le concours de l'expérience, la raison tombe dans des contradictions insurmontables.

En effet, pour avoir un sens et un contenu, la raison humaine doit s'appliquer aux objets d'expériences. D'où le criticisme kantien. Il va donc sans dire que la connaissance chez Kant résulte de l'union de deux éléments, à savoir la sensibilité et l'entendement. Car, « sans la sensibilité, nul objet ne nous serait donné, sans l'entendement, nul ne serait pensé. Des pensées sans contenus sont vides, des intuitions sans concepts sont aveugles »[9]. Ceci pour dire que c'est de leur union seule que peut découler la connaissance. La sensibilité est donc cette faculté qui fournit les intuitions et qui est réceptive, tandis que l'entendement, c'est la faculté qui produit les concepts et qui se caractérise par sa spontanéité. Ces deux facultés sont par conséquent indispensables pour fonder la connaissance selon Emmanuel Kant. Et qu'elles ne peuvent pas échanger leurs fonctions. L'entendement ne peut rien « intuitionner », comme les sens ne peuvent rien penser.

II-2- L'espace et le temps comme condition sine qua non de la possibilité de la connaissance

Avant d'entrer dans le vif du sujet, il convient de noter que Kant désigne l'espace et le temps dans *Critique de la raison pure* en termes de l'esthétique transcendantale. Cette dernière est définie comme science de tous les principes a

---

[9] E. Kant, *Critique de la raison pure, préface de la seconde édition*, Paris, PUF, 1980, pp. 76-77.

priori de la sensibilité. Le terme « a priori » se donne à comprendre ici comme tout ce qui est indépendant de l'expérience. C'est dire que l'espace et le temps entendus comme formes pures a priori de la sensibilité sont antérieurs à l'expérience, ils nous instruisent avant l'expérience, et non par elle. Ils ne sont pas des concepts empiriques ou qui dérivent d'une expérience quelconque. Ils renferment sans doute un divers de l'intuition pure a priori, mais ils n'en font pas moins partie des conditions de la réceptivité de notre esprit. C'est de cette manière que les objets extérieurs et intérieurs peuvent être organisés. Convaincu de cette réalité, Emmanuel Kant écrit : « Il est donc indubitablement certain, et non pas seulement possible ou vraisemblable, que l'espace et le temps, comme conditions nécessaires de toute expérience, sont des conditions simplement subjectives de toute notre intuition »[10]. Ceci pour dire que c'est par rapport à l'homme en tant que centre de la connaissance que les formes a priori de la sensibilité (espace et temps) peuvent être appréhendées. Voilà pourquoi, l'on parle de l'espace et du temps comme conditions subjectives de toute notre intuition. Ainsi, pour parler de façon abyssale de l'espace et du temps, il importe de le faire séparément.

Tout d'abord, pour ce qui est de l'espace, il sert de fondement aux objets extérieurs, dit Kant. Et nous ne pouvons représenter les objets hors de nous que par référence à l'espace. Ici, les objets extérieurs doivent être compris comme ceux placés dans un autre lieu de l'espace que celui où nous nous trouvons. Objectiver c'est tout d'abord spatialiser. L'espace est donc une forme pure de l'intuition externe sans laquelle l'esprit peut percevoir les choses. Car, tout ce que nous percevons de réel, nous le

---

[10] Emmanuel Kant, *Critique de la raison pure*, Paris, Gallimard, 1980, p. 112.

percevons dans l'espace. Elle peut être aussi comprise comme ce par quoi les choses sont manifestées. C'est dans cet ordre d'idées que David Mavouangui stipule : « L'espace est une représentation nécessaire a priori qui sert de fondement à toutes les intuitions externes. Il est impossible de se représenter qu'il n'y ait pas d'espace quoiqu'on puisse bien concevoir qu'il n'y ait pas d'objets en lui. Il est donc considéré comme la condition de la possibilité des phénomènes et non pas comme une détermination qui en découle »[11]. De cette citation, découle l'idée selon laquelle nous ne pouvons représenter les objets externes sans avoir recours à l'espace.

Toute expérience extérieure suppose l'espace, et ce n'est qu'en posant la représentation de l'espace comme fondement que l'on peut rapporter certaines sensations à quelques objets extérieurs. L'espace n'est pas un concept empirique dérivé des expériences extérieures. Pour que je puisse me représenter les choses en dehors et les unes à côté des autres, mais placées en des lieux différents, il faut que la représentation de l'espace soit déjà posée comme fondement. Il est donc une représentation a priori servant nécessairement de fondement aux phénomènes extérieurs.

Le temps quant à lui, dit Kant, sert non seulement de fondement aux phénomènes intérieurs, par exemple nos états d'âme, mais aussi aux phénomènes extérieurs. Il est donc sans conteste la condition formelle et a priori de tous les phénomènes en général. Il a un peu de la suprématie par rapport à l'espace du fait que celui-ci est seulement la condition a priori des phénomènes externes. C'est dans cette perspective que Kant écrit : « Le temps est une condition a

[11] D. Mavouangui, *Introduction à la philosophie critique d'Emmanuel Kant*, Paris, Paari, 2003, p. 89.

priori de tout phénomène en général, et, à dire vrai, la condition immédiate des phénomènes internes, et, par là même, la condition médiate de tous les phénomènes externes »[12]. Il ressort de cette assertion que le temps, loin d'être une condition a priori de tout phénomène en général, sert d'abord et avant tout de fondement aux phénomènes internes, puisqu'il constitue le sens interne. Ainsi, par phénomènes internes, nous entendons nos états d'âme tels que : la douleur, les émotions, la souffrance, etc.

En outre, Kant nous fait savoir que le temps est une représentation nécessaire qui sert de fondement à toutes les intuitions. Le temps est donné a priori. Sans lui, toute réalité des phénomènes est impossible. Et que le temps comme condition a priori favorise la compréhension de la simultanéité ou la succession, seuls modes par lesquels il nous est possible de concevoir une chose existant dans un même instant que l'autre. Ceci pour dire qu'il y a simultanéité quand deux choses existent en même temps, et succession lorsque l'une précède l'autre. À cela, il ajoute que les temps différents ne sont pas simultanés, mais successifs ; tandis que des espaces différents ne sont pas successifs mais simultanés. C'est dans ce sens qu'il écrit : « Des temps différents ne sont que les parties du même temps »[13]. Il va donc sans dire que le temps est unique et le même. Il n'y a pas une kyrielle de temps. Lorsqu'on parle des parties du même temps, on fait allusion aux limitations de ce temps qui est unique, dans lequel la simultanéité et la succession sont saisies.

Aussi Kant parle-t-il dans *Critique de la raison pure* des jugements analytiques et synthétiques. Ainsi entend-il par

---

[12] Emmanuel Kant, *Critique de la raison pure*, Paris, Gallimard, 1980, p. 101.
[13] Ibidem, p. 98.

jugement analytique, les jugements qui reposent entièrement sur le principe de contradiction, et ce sont par nature des connaissances a priori. Les jugements synthétiques par contre requièrent un autre principe que celui de contradiction. Il y a des jugements synthétiques a posteriori, dont l'origine est empirique, mais il y en a également qui sont a priori et qui naissent de l'entendement et de la raison pure. En effet, force est de dire que tous les jugements d'expérience sont toujours synthétiques. Il serait donc absurde de fonder sur l'expérience un jugement analytique. Alors, il se pose un problème, celui de savoir comment nous pouvons avoir des connaissances avant toute expérience.

En répondant à cette question, Emmanuel Kant soutient avec véhémence que les mathématiques et les principes de la science forment une connaissance synthétique a priori. Un bel exemple illustre bien ce constat « 5 + 5 = 10 » est une proposition synthétique a priori. Elle est dite a priori parce qu'elle est une vérité nécessaire et universelle. N'importe qui peut la prouver sans avoir recours à l'expérience. C'est dans cette perspective que David Mavouangui affirme : « Si donc on conçoit un jugement comme rigoureusement universel, tel par conséquent qu'on ne puisse croire à la possibilité d'aucune exception, c'est que ce jugement n'est point dérivé de l'expérience, mais valable absolument a priori »[14]. De cette affirmation découle l'idée selon laquelle la nécessité et l'universalité constituent, d'après Kant, les marques prouvant une connaissance a priori. C'est dire que rien n'émanant de l'expérience peut nous procurer quelque chose d'universel et de nécessaire. Cependant, il est nécessaire de noter que cette proposition susmentionnée « 5+5=10 » peut être aussi analytique. Parce qu'une

[14] D. Mavouangui, *Introduction à la philosophie critique d'Emmanuel Kant*, Paari, 2003, pp. 76-77.

proposition analytique est a priori. Il s'agit donc ici de la somme 5+5 selon le principe de contradiction.

En sus de cela, il s'avère important de rappeler que dans les jugements analytiques à la différence des jugements synthétiques, le prédicat est pensé dans le concept du sujet. Par exemple, quand nous disons « tous les corps sont étendus », il s'agit ici d'une proposition analytique, puisqu'aucun corps n'est inétendu. Mais quand je dis que « quelques corps sont lourds », là on parle du jugement synthétique. Et dans la proposition mathématique « 5 + 5 = 10 », nous disons qu'il est synthétique parce que le prédicat 10 ne se trouve pas dans le concept « 5 + 5 ». Ici, pour trouver 10 comme le résultat de la somme « 5 + 5 », nous devons recourir à l'intuition. Puisque par simple analyse, il se peut que nous donnions une valeur erronée, donc plus grande que 10 à la conjonction « 5 + 5 ». L'intuition est donc nécessaire pour vérifier et rendre plausible la proposition 5 + 5 = 10. Pour ce faire, on peut prendre 5 livres auxquels on peut ajouter 5 autres pour trouver la somme de la conjonction qui n'est autre que 10. Or, procéder de la sorte, c'est déjà faire une expérience. De là, trouve sens l'affirmation kantienne selon laquelle : « Les jugements d'expérience sont toujours synthétiques »[15]. Fort de cette déclaration, nous pouvons dire que les propositions mathématiques qui sont dites synthétiques s'inspirent de l'expérience juste pour la vérification authentique de la proposition. Bref, en ce qui concerne la théorie des jugements analytiques et synthétiques, nous pouvons dire grosso modo que, pour reconnaître qu'un jugement est analytique, on n'a besoin d'aucune expérience pour vérifier son authenticité, car l'on peut découvrir la vérité par une

[15] E. Kant, *Prolégomènes à toute métaphysique future*, Paris, Vrin, 1993, p. 28.

simple analyse du concept lui-même. Comme dans la proposition : « les maisons noires sont des maisons ». Tandis que les jugements synthétiques, quant à eux, sont ceux auxquels on ne peut parvenir par la pure analyse, comme dans l'énoncé : « la maison est noire » ; les informations que contient le prédicat ne figurent pas dans le concept. Puisque toutes les maisons ne sont pas noires.

II-3- Les phénomènes et les noumènes

Le thème traitant des phénomènes et noumènes, il faut le dire avec exactitude, occupe une place primordiale dans la philosophie kantienne. Ainsi les phénomènes ne sont-ils que les objets qui apparaissent à notre égard, et que nous pouvons connaître. Les phénomènes sont donc sensibles. Les noumènes, quant à eux, sont intelligibles et inconnaissables. Fort de ce constat, nous pouvons dire avec brio que, pour Kant, la raison est limitée dans le cadre spatio-temporel. Et que nous ne connaissons les choses que de la manière dont elles apparaissent. C'est dans cet ordre d'idées qu'Emmanuel Kant écrit : « Toute connaissance spéculative de la raison se réduit aux seuls objets de l'expérience »[16]. C'est pour ainsi dire que ce que nous connaissons, ce sont les phénomènes, la chose en soi est inconnaissable. Notre connaissance, étant sensible, est limitée aux phénomènes. Puisque l'intuition sensible ne nous donne que des phénomènes. Seulement, les choses en soi sont tout de même pensables, parce que l'on peut penser ce que l'on veut, l'essentiel est de ne pas se contredire.

---

[16] E. Kant, *Critique de la raison pure*, Traduction de Jean Barni, Paris, Flammarion, 1976, p. 46.

Aussi convient-il de dire que Kant développe en long et en large la théorie des phénomènes dans les *prolégomènes*. En effet, le phénomène en tant que représentation est susceptible d'être transformé en une nature par la liaison des catégories de l'entendement. Cependant, ce que nous savons de lui, ce n'est que la forme de son apparition ; ce qui est de l'ordre du donné, du fortuit, et non ce qu'il est en soi ; son essence nous échappe ; nous n'en savons rien et nous ne pouvons rien dire. C'est cela qui nous conduit à admettre l'idée d'un inconnaissable, de l'être de ces phénomènes, de leur fondement, de la chose en soi. Voilà pourquoi il affirme : « L'entendement donc, justement parce qu'il accepte des phénomènes, reconnaît aussi par-là l'existence des choses en soi, et dès lors nous pouvons dire que la représentation de ces êtres qui servent de fondement aux phénomènes, donc de purs êtres intelligibles, n'est pas seulement admissible, mais encore inévitable »[17]. Il va donc sans dire que l'impossibilité d'accéder aux noumènes n'exclut pas la reconnaissance de leur existence. Les noumènes existent bel et bien, mais ne sont pas perceptibles par les sens. Ils sont plutôt compréhensibles par l'entendement. L'entendement ne peut pas donc ne pas penser un objet sans faire allusion à la chose en soi, ce qui fait que l'objet soit ce qu'il est.

[17] E. Kant, *Prolégomènes à toute métaphysique future*, Paris, Vrin, 1993, pp. 88-89.

Chapitre III
Orientation de l'agir humain vers les véritables fins

Que l'on se mette à réfléchir sur l'orientation de l'agir humain vers les véritables fins, cela présume l'existence préalable d'une certaine manière de faire, dont l'authenticité et la rectitude sont moralement admises, mais que le surgissement de l'idée de l'orientation reconnaît être fondée sur des bases beaucoup moins fiables. Sur ce, il faut impérativement mettre à l'évidence les points caractéristiques des actions jugées immorales, et donner des règles dans la perspective desquelles il sera possible de percevoir la morale sous un jour plus clair. C'est pourquoi, nous recourons d'emblée à l'hétéronomie posée comme fondement de l'immortalité.

III-1- L'hétéronomie comme fondement de l'immortalité

III-1-1- Aperçu des morales antiques

L'hétéronomie, à l'opposé de l'autonomie, est souvent saisie comme le fait d'être assujetti à des lois ou des règles extérieures. S'il est une idée saillante qui compte en ce qu'elle a d'essentiel dans les morales antiques, c'est bien celle de l'hétéronomie. En effet, l'hétéronomie s'explique ici par le fait que la moralité se fonde sur des lois immanentes à la nature, les lois que l'on reçoit d'ailleurs, plutôt que de soi. L'observance des lois de la nature chez les anciens grecs dessine le profil de la réalisation du but de l'existence humaine, qui est celui de parvenir au bonheur.

De la sorte, le bonheur dans les morales antiques apparaît comme un aspect motivateur de l'action humaine. Cet aspect est surtout mis en exergue dans les perspectives éthiques aristotéliciennes.

Par le fait, il s'avère impérieux de rappeler que, prônant le bonheur comme but ultime poursuivi par l'action humaine, Aristote conjugue la morale à la politique. Le mot politique ici considéré dans son sens étymologique grec *polis*, qui renvoie à l'idée de la cité. À en croire Aristote, l'homme est un animal politique de par sa nature, donc appelé à vivre en société, en compagnie de ses semblables.

Ainsi se trouve-t-il que c'est dans la vie politique seule que l'homme peut trouver à s'accomplir complètement. En d'autres termes, le but de la politique est ainsi de permettre de réaliser pleinement sa nature. Ce qui sous-entend que la politique, elle aussi, obéit au principe de la finalité.

Seulement, ayant pour fin le bien suprême de tous et non pas uniquement celui d'un individu pris à part, la politique s'engage ainsi à prescrire les lois positives qui désigneront ce que l'homme, pour se réaliser pleinement, est censé faire, et ce dont il doit s'abstenir. C'est ainsi qu'elle contribue à rendre l'homme juste, honnête, soumis aux lois et vertus.

Du reste, il est non moins important de souligner l'indispensabilité de la vertu dans la morale aristotélicienne parce qu'Aristote prétend que « la vertu est, en ce qui concerne les plaisirs et les peines, la capacité que nous avons dite d'exécuter les plus belles actions »[18]. Cela revient à déclarer que, parlant de la morale, on ne peut pas se faire faute de la vertu, si tant est que ce soit être hors de la portée

---

[18] *Aristote, Éthique à Nicomaque,* trad. du grec par Jean Voilquin, Paris, Flammarion, 1965, p. 21.

morale que de concevoir une morale déterminée par des actions vicieuses. C'est ainsi qu'Aristote, en montrant l'importance de la vertu quant à la réalisation de bonnes actions, la situe dans le défaut et l'excès. C'est ce qu'il démontre lorsqu'il stipule que « la vertu est une sorte de moyenne, puisque le but qu'elle se propose est un équilibre entre deux extrêmes »[19]. Que l'équilibre soit le but que propose la vertu, il est manifeste et sans l'ombre d'un doute que la vertu consiste en la modération et la rectitude de la conduite humaine dans le processus de la recherche du bonheur qui en est la finalité. Or, Aristote s'attache à montrer que la vertu n'est pas une qualité innée, mais une activité. Son acquisition implique donc un exercice, tout comme on s'exercerait à tout genre de métier pour en acquérir les compétences. Quand bien même la vertu ne serait pas une qualité innée, Aristote précise que l'homme est naturellement prédisposé à les acquérir et à les améliorer. Il élucide ses propos en ces termes : « ... aucune des vertus morales ne naît naturellement en nous (...), ce n'est donc ni par effet de la nature, ni contrairement prédisposés à les acquérir, à condition de les perfectionner par habitude ».[20]

Les vertus morales ou encore vertus du caractère dont il est question dans ces propos et dont la possibilité il y a de perfectionner par l'habitude sont bien : **la vertu du courage, de la tempérance et de justice**, chacune d'elle constituant le médium de deux extrémités fâcheuses comme nous l'avons susmentionné. La première (la vertu du courage) se situe ainsi entre *la témérité et la lâcheté*, la deuxième entre *l'intempérance et l'insensibilité*, et la troisième entre *l'égoïsme et l'oubli de soi.*

[19] Ibidem, p. 53.
[20] Ibidem, p. 45.

En fait, il ressort de toute évidence que chez Aristote, le bonheur poursuivi par l'homme est un bonheur qui lui est propre, parce que consistant en des actions qui expriment son essence. Or, ce qui exprime l'essence de l'homme, c'est sa particularité d'être un être raisonnable. C'est pourquoi, bien que la cité soit le lieu idéal de la réalisation de l'homme, à cause de ce qui le caractérise en propre, son bonheur ne se réduit pas à celui que poursuit la cité.

Du fait que le bonheur consiste en des actions qui expriment l'essence de l'homme, il se trouve à cet effet qu'il implique la conformité à la raison et la vertu. Ainsi faut-il convenir avec Aristote que la rationalité est ce à quoi le bonheur est fondamentalement lié. Cette rationalité est de façon spécifique celle qui s'applique au domaine des actions, qu'on peut appeler rationalité pratique, et qu'Aristote nomme prudence ou sagesse pratique, qui renvoie au mot grec *phronesis.* De cette vertu de la prudence dépendront toutes les actions vertueuses. En effet, il convient de signifier que dans la catégorisation des vertus, la prudence n'apparaît pas dans la classification des vertus morales, mais plutôt dans celles dites intellectuelles, en grec, *vertus dianoétiques.* Étant une vertu de l'intellect, elle s'applique nécessairement à l'action, et son utilité ne peut être envisagée qu'en conformité aux vertus morales. Autant dire que, réciproquement, les vertus morales impliquent la prudence. Ainsi donc, si on dit d'un homme qu'il est vertueux, c'est qu'il est prudent, tout comme s'il est prudent c'est qu'il est vertueux. Ainsi, « ... l'œuvre de l'homme s'accomplit par l'effet de la prudence et de la vertu morale. La vertu fixe à l'être son but, et la prudence le moyen d'atteindre ce but ».[21] Cela pour dire, la prudence tout autant que la vertu morale conspirent à atteindre le but de

[21] Ibidem, p. 168.

l'existence humaine. Ce but de l'existence humaine est également l'aspect sur lequel les épicuriens, aussi bien que les stoïciens, mettent l'accent.

La morale épicurienne est dite hédoniste, du grec *hêdonê*, qui signifie plaisir. Lequel plaisir est, selon Épicure, le principe et la fin de la vie heureuse. Que ce plaisir soit conçu ainsi, cela ne constitue en rien une objection contre ce qui est précédemment énoncé. En effet, Épicure explique bien ce en quoi consiste le plaisir, pour ne pas l'entendre hors de son contexte, et ainsi falsifier sa pensée. Pour lui, il faut entendre par plaisir, non pas ceux des débauchés, ni non plus ceux qui se rattachent à la jouissance matérielle, mais celui caractérisé par l'absence des troubles du corps et de l'âme. Cette mise en lumière du sens du mot plaisir signifie bien que le plaisir dont il est question n'est pas la soumission totale aux impulsions, mais avoir un corps et une âme sans troubles. D'autant plus que c'est en ces termes que se mesure la sensation de la tranquillité recherchée. Alors, il n'en reste pas moins que, chez Épicure, le bonheur se définit comme l'absence de douleur du corps (*anomia*) et l'absence de trouble de l'âme (*ataraxia*). Si tant est que le plaisir puisse faire participer au bonheur, il faut convenir qu'il ne peut s'agir que d'un plaisir se trouvant sous contrôle rationnel, la raison étant une faculté susceptible de modérer les désirs. De cela, les stoïciens ne disconviennent pas. Leurs propos ne se contredisent pas pour le simple fait que leur réflexion sur la morale a un dénominateur commun : le bonheur.

Tout comme les épicuriens, le bonheur pour les stoïciens consiste dans l'absence de trouble de l'âme. Cette tranquillité s'obtient au prix de la conformité de ses actions aux règles qui régissent la nature, à la connaissance du mouvement de l'univers. En effet, la doctrine stoïcienne étant un art de bien conduire sa vie, il s'est révélé qu'il est non moins important que l'homme, pour bien diriger son existence,se tourne vers la nature, ou, mieux, vers ce qui l'entoure. Parce que, le monde, selon les stoïciens, est dirigé par la Raison divine, qui seule fait prendre à l'homme conscience de son rôle et de sa fonction dans l'univers dont il fait partie intégrante. Le fait qu'il y a un destin implacable qui gouverne les choses externes nous fait déboucher sur la distinction, avec Epictète, des choses qui dépendent de nous de celles qui n'en dépendent pas : « Ce qui dépend de nous, ce sont les pensées, la tendance, le désir, bref, tout ce sur quoi nous pouvons avoir une action. Ce qui ne dépend pas de nous, la richesse, l'opinion des autres, les honneurs, bref, tout ce qui ne vient pas de notre action »[22]. C'est cette distinction qui fait accéder à la sagesse, et permet ainsi à l'homme de se rendre maître de soi, de ses représentations et des faux jugements qui peuvent entraver son bonheur, la tranquillité recherchée. Ainsi soutient-il que « ce qui trouble les hommes, ce ne sont pas les événements, mais l'idée qu'ils se font des événements... Lorsque donc nous éprouvons une gêne, un trouble, une tristesse, n'en cherchons jamais les causes ailleurs qu'en nous-mêmes, je veux dire, dans les idées que nous nous faisons de ces choses »[23]. De ces propos, il faut comprendre que le bonheur ne peut venir que de ce que nous sommes, de notre intériorité constituée de nos pensées et de notre volonté.

C'est sur elles que nous devons chercher à acquérir une maîtrise parfaite. Et ce d'autant plus que ce ne sont pas les événements, selon Epictète, qui nous rendent heureux ou malheureux, mais la manière dont nous les pensons. Ainsi faut-il faire en conséquence des efforts sur nos pensées, et se

---

[22] Epictète, *Manuel*, trad. du grec par Claude Chrétien, Paris, Hatier, 1988, p. 6.
[23] Ibidem ; p. 6-7.

libérer à cet effet de l'imagination, tout en optant pour une indifférence absolue à ce qui ne dépend pas de nous ; les douleurs physiques en particulier. Une manière d'obéir à une formule aussi bien connue, *supporte et abstiens-toi.* Laquelle formule découle de la conscience qu'a l'homme que tout ce qui arrive est fixé d'avance, donc ce qui advient est lié à une cause. Ce déterminisme propose une unique vie morale, l'adhésion à cet ordre où notre douleur même trouvera un sens. La notion fondamentale de l'Antiquité est donc : la conduite de l'homme doit se conformer à la nature. C'est de ce point de vue que surgit la nécessité de parler des impératifs hypothétiques et des inclinations.

III-2- Les impératifs hypothétiques et les inclinations

L'impératif est la formule du commandement, et en tant que telle, tous les impératifs sont exprimés par le devoir (solen). Il est donc, à cet effet, la formule par laquelle est déterminée une action. Pour ce qui est des impératifs hypothétiques, l'accomplissement d'une action constitue un moyen pour un résultat ou une fin. Et, le fait que l'action constitue un moyen pour un résultat, l'impératif est dit conditionnel, parce que subordonnant le commandement à un but à atteindre. Dans ce sens, Kant déclare : « Les impératifs hypothétiques représentent la nécessité pratique d'une action possible, considérée comme moyen d'arriver à quelque autre chose que l'on veut (ou du moins qu'il est possible que l'on veuille) »[24]. C'est autant dire que ces types d'impératifs ne peuvent guère constituer le fondement de la morale, et ne tiennent donc pas non plus compte de son obligation. La nécessité étant ici de parvenir à un but selon

[24] Emmanuel Kant, *Fondement de la métaphysique des mœurs*, trad. de l'Allemand par Alain Renaut, Paris, Flammarion, 1994, p. 88.

notre vouloir ; au principe de nos actions, les impératifs hypothétiques ajoutent le désir. Or, la dépendance de la faculté de désirer vis-à-vis des sensations est ce que l'on appelle inclination, qui, à son tour, renvoie toujours au besoin. C'est le besoin en effet qui, révélant le caractère naturel de l'homme auquel est enclin son vouloir – tel que l'égoïsme, les passions en tous genres –, montre que tous les actes que pose un homme sont plus ou moins liés à sa naturalité, qui détermine toujours les moyens l'emmenant vers le but qu'il s'est proposé, qu'il soit particulier ou universel.

Par ailleurs, Kant prend grand soin, pour ne pas confondre, de montrer qu'il existe deux types d'impératifs hypothétiques, notamment : les impératifs problématiques de l'habileté, encore appelés impératifs techniques, et les impératifs assertoriques de la prudence ou impératifs pragmatiques.

Les impératifs problématiques de l'habileté sont ceux qui désignent qu'une fin est possible. Ainsi mettent-ils beaucoup plus l'accent sur les moyens à y parvenir, plutôt que sur la finalité. De ce fait, ils indiquent que si tu veux atteindre un tel but, alors tu dois faire ceci ou cela. Il faut alors préciser qu'ici le but est individuel, parce qu'il dépend de celui qui exerce l'action. En raison de ce principe qui exige un moyen pour tel ou tel but, ce genre d'impératif se révèle être immoral. À propos, François Chatelet affirme : « La raison se fait ici besogneuse et ne se manifeste d'abord comme habileté dans l'usage des moyens qui permettent aux inclinations d'atteindre leurs fins, dont la diversité est telle que la raison ne peut proposer les principes de cet usage que de façon problématique »[25]. Ces propos de François Chatelet corroborent tout simplement l'idée que les impératifs techniques visent une fin possible. Par exemple, si tu n'aimes pas les moustiques, alors tue-les à l'aide de tes mains. Les moyens utiles étant offerts, la fin est alors possible. C'est pour dire, les impératifs problématiques de l'habileté n'indiquent que les moyens nécessaires à l'accomplissement d'une action.

Cela étant, nous abordons à présent les impératifs pragmatiques ou impératifs de la prudence.

Contrairement aux impératifs problématiques de l'habileté qui se sont révélés être ceux qui indiquent qu'une fin est possible, en insistant sur les moyens pour y parvenir, les impératifs pragmatiques ou impératifs de la prudence indiquent plutôt qu'une fin est réelle. Cette fois-ci, le but à atteindre a un caractère universel et non individuel. Simplement ressort-il l'idéal du bonheur, qui est une fin poursuivie par tout homme. C'est à juste titre que Kant nomme assertorique l'impératif hypothétique qui représente la nécessité pratique de l'action comme moyen de favoriser l'accès au bonheur. Au sujet du bonheur envisagé comme but poursuivi par tous, Kant souligne ce qui suit : « Il y a pourtant une fin que l'on peut supposer comme effectivement présente chez tous les êtres raisonnables (en tant que les impératifs s'appliquent à eux, envisagés comme des êtres indépendants), et donc un but tel qu'il ne peut pas simplement être le leur, mais dont on peut accorder avec certitude que tous sans exception le poursuivent en raison d'une nécessité de leur nature, et ce but est celui qui consiste à viser le bonheur »[26]. À la lumière de cette affirmation, il

---

[25] François Chatelet, *La Philosophie de Kant à Husserl,* T. 3, Belgique, Marabout, 1979, p. 49.
[26] Emmanuel Kant, op.cit., p. 90.

convient donc de dire que tous les hommes se proposent, en vertu de leur nécessité naturelle, une fin unique qu'ils nomment : bonheur. À cet effet, la raison énoncée de façon assertorique, ses impératifs comme règle de prudence. Laquelle règle oriente les hommes vers la morale de l'intérêt, en leur montrant ce qu'ils peuvent faire pour être heureux, d'autant plus qu'« être heureux est nécessairement le désir de tout être raisonnable mais fini, pourtant c'est inévitablement un principe déterminant de sa faculté de désirer »[27]. Cette déclaration authentifie le fait que l'homme, caractérisé par la finitude, est toujours à la recherche de ce qui garantit son bien-être, et emploie, pour ce faire, tous les moyens qui sont à sa disposition. C'est cela le point dur des morales antiques que Kant récuse avec vigueur. Des morales du bonheur.

En effet, Kant reconnaît que si l'homme n'est pas guidé par l'instinct, mais a la capacité de tirer tout de lui-même grâce à la raison qu'il possède, ainsi que la liberté du vouloir qui se fonde sur elle, c'est bien là le dessein de la nature concernant le genre humain. Pourtant, la raison en œuvre dans le respect de la morale-loi est produite par la raison. Alors que la raison en œuvre dans les morales antiques est celle qui est au service des inclinations, permettant à l'homme d'accomplir ses désirs naturels et de rechercher le bonheur. Comme nous l'avons mentionné plus haut dans la conception aristotélicienne de la morale, le bonheur consiste en des actions qui expriment l'essence de l'homme. Et il se trouve à cet effet qu'il implique la conformité à la raison et à la vertu.

[27] Emmanuel Kant, *Critique de la raison pratique*, trad. de l'Allemand par François Picavet, Paris.

La vertu réalise la fonction humaine de la raison, et l'accomplissement de cette fonction est le bonheur. De la sorte, Kant remarque que « ... la représentation d'un objet susceptible d'être atteint par nos propres forces relève de la nature du sujet, que ce soit de la sensibilité (de l'inclination et du goût) ou de l'entendement et de la raison (qui s'appliquent à un objet avec satisfaction en fonction de la disposition particulière de leur nature), ce serait donc en vérité la nature qui donnerait la loi »[28]. De ces considérations, il ressort le caractère hétéronomique qui fonde l'agir humain dans l'Antiquité. La loi qui détermine l'action de l'homme est en effet donnée par la nature. Pour Kant, ni les principes empiriques ni les principes rationnels qui sont hétéronomiques ne sauraient fonder une morale. Or, il s'est révélé que le bonheur est un idéal qui relève de l'imagination que les hommes ne sauraient saisir. Et, à cet effet, personne ne peut réellement dire ce qu'il souhaite et ce qu'il veut, déclare Kant. Cela doit être nécessairement emprunté à l'expérience. On ne peut donc pas agir pour être heureux par des principes déterminés, mais seulement d'après les conseils empiriques.

Parvenu à ce niveau, on se rend compte que les impératifs hypothétiques conduisent l'homme tout simplement vers les passions et les inclinations. Dans ce cas de figure, la volonté est hétéronome, parce qu'elle ne se donne pas elle-même sa loi, c'est l'objet qui la lui donne par son rapport à elle. L'agir humain est ainsi positionné dans un champ tout autre que celui de la morale.

À présent, nous allons absorber la notion de la bonne volonté, qui est le point de départ de la morale chez Kant.

---

[28] Emmanuel Kant, *Critique de la raison pratique*, trad. de l'Allemand par François Picavet, Paris, P.U.F., 1966, p. 24.

III-3- La bonne volonté comme point de départ de la morale

Il serait incohérent d'aborder la notion du devoir en faisant fi de la bonne volonté, qui se comprend comme une volonté pure, absolument bonne en elle-même, et donc une volonté qui fait le bien non pas par inclination sensible, mais par devoir. Si la bonne volonté est celle qui n'agit pas par inclination, il faut donc comprendre au premier abord que « la morale de Kant n'est pas une morale du dehors, une intentionnelle, mais plutôt une morale qui est dans la personne »[29]. C'est pour dire que la bonne volonté est celle de la personne qui se représente la loi, et ainsi l'utilise comme un principe qui détermine son action. La capacité de la bonne volonté à se représenter la loi et à l'utiliser comme principe qui détermine l'action découle de la régence sur elle de la raison.

Autant dire que la raison nous a été donnée pour produire la bonne volonté, à défaut de laquelle on se saurait juger une action morale. A cet effet, nous comprenons bien que la volonté que produit la raison est une volonté, c'est-à-dire absolument nécessaire et bonne en elle-même. C'est en cela qu'elle peut être estimée largement supérieure à toutes les qualités naturelles que l'on considère comme des biens, et ne jamais être comparée à une inclination quelconque, parce qu'elle n'a pas trait au sensible. Cela est même assez clair avec Kant. « Il n'y a nulle part quoi que ce soit dans le monde ni même en général hors de celui-ci, qu'il soit

[29] Davy Aymar Ibara Okemba, *La liberté pratique dans les Fondements de la Métaphysique des mœurs de Kant,* mémoire de master de philosophie, option éthique et politique, Université catholique.

possible de penser et qui pourrait sans restriction être tenu pour bon, à l'exception d'une bonne volonté »[30], dit-il.

De là, il paraît que l'existence de la bonne volonté, relativement aux biens qui existent dans le monde et même hors du monde, est beaucoup plus noble en raison du fait qu'elle pousse l'homme à bien agir, parce qu'elle est une bonne intention, un authentique vouloir. Elle redresse toutes les qualités prétendues bonnes, qui ont une très grande influence sur l'homme, et qui lui permettent d'agir selon ses tendances naturelles, et ses intérêts propres. Pour cela, la bonne volonté est considérée comme la pureté de l'intention. Car, l'intention peut faire fausse route et ainsi conduire l'homme vers le sensible. De là, la bonne volonté se confirme comme la faculté qui renvoie l'homme vers un bien déterminé par la seule raison. Ainsi s'opère-t-il un véritable changement d'état, c'est-à-dire l'homme quitte le stade qui le retient à l'animalité, pour une humanité pure où il conformera tout son agir à la bonne volonté, en vivant sous la domination seule de la raison. Ce changement d'état qui s'opère par la bonne volonté oriente l'homme vers des fins universelles.

Au terme de ce chapitre qui a consisté à rendre compte des points caractéristiques des actions jugées immorales, nous nous sommes rendu bien compte en partant de l'hétéronomie jusqu'à la bonne volonté que, selon Kant, une action est dite immorale lorsqu'elle obéit à une loi extérieure à l'homme, une loi qui contraint la volonté de l'homme à poursuivre son bien-être caractérisé par ses désirs. Les impératifs hypothétiques ont débrouillé cet aspect, car, avons-nous vu, ils commandent les actions toujours en vue d'une fin quelconque, relativement aux

[30] Emmanuel Kant, op.cit., p. 59.

penchants de l'homme. La bonne volonté arrive ainsi pour arracher l'homme à la condition d'animalité, en redressant ses actions, en les purifiant, pour l'ouvrir ainsi à l'universalité. C'est cet acte de la bonne volonté qui donne sur l'universalité, qui nous ouvre le deuxième chapitre portant sur le devoir.

Chapitre IV
Le devoir,
critère de détermination d'un acte moral

Dans le premier chapitre, nous avons analysé les aspects qui font que l'homme ne soit pas dit moral. Ce qui s'est rendu compréhensible à la lumière de l'analyse de l'hétéronomie, ainsi que des impératifs hypothétiques, en concluant par la bonne volonté, qui permet à l'homme de se soumettre à ce que la raison lui ordonne inconditionnellement, c'est-à-dire sans référence à une condition quelconque, comme cela est le cas pour les impératifs hypothétiques. Or, il est de fait que c'est sous la forme du devoir que la raison intervient, c'est elle qui favorise l'étroite relation entre la volonté et la loi. De la sorte, nous allons pouvoir aborder la notion du devoir, sans pour autant mettre de côté la relation entre la bonne volonté et la raison.

IV-1- Le devoir

Le devoir s'entend chez Kant comme une obligation morale. C'est-à-dire la nécessité pour l'homme d'accomplir une action rien que par respect pour la loi morale, donnée et dictée par la raison. C'est cela qui doit être la finalité d'un être doué de raison. En effet, étant caractérisé par l'instinct tout autant que par la raison, Kant situe le dessein de la nature concernant le genre humain dans le fait de ne pas être guidé par l'instinct, mais de tout tirer de lui, car c'est pour cette raison que la raison lui a été donnée. De là, il ressort en filigrane qu'étant dans la nature et faisant partie d'elle l'homme est à la fois un être raisonnable et un être de la nature, donc un être bidimensionnel.

Étant dans la nature, il est inévitable qu'il agisse d'après les lois qui s'y trouvent, d'y obéir, et de s'y soumettre. Ces lois, en effet, ne dépendent pas de lui, mais plutôt de la nature. Ainsi son agir oscille-t-il entre l'obéissance à la raison et l'obéissance à la sensibilité. C'est pour dire que la volonté de l'homme ne s'identifie toujours pas à la raison, puisqu'elle peut basculer dans la sensibilité. C'est dans cette logique d'idées que Gerhard Krüger déclare : « L'homme, en vertu de sa nature, n'est pas uniquement un être doué de raison »[31]. C'est autant dire qu'il est également un être sensible. Seulement, il est clair qu'avec Kant le fait que l'homme est un être sensible n'efface pas du tout le sentiment de la dignité que nous attachons au fait d'être porteurs de la raison. Renier donc la sensibilité ou la ravaler à un plan inférieur, en donnant plus de consistance et de signification à la raison, ne signifie pas regretter la condition des animaux. Mais seulement avouer que la finalité de la raison ne se réduit pas à celle de l'instinct, et que la destination d'un être raisonnable est d'une autre nature, une nature infiniment plus noble. Car, si cela n'était pas le cas, qu'est-ce qui d'autre fonderait la moralité chez l'homme ? C'est pour signifier que la vocation de la raison n'est pas le bonheur ni la propension aux penchants de quelque nature que ce soit, mais tout simplement la moralité.

Ainsi voit-on que la destination de tout être raisonnable est d'accomplir la loi de la raison, c'est-à-dire de remplir toutes les obligations dont elle est le principe. Pour cette cause, la raison prend une distance considérable vis-à-vis

---

[31] Gerhard Krüger, *Critique et morale chez Kant,* Paris, Beauchesne, 1961, p. 101.

des plaisirs de toutes sortes, pour ne pas oublier sa fonction la plus haute, celle qui est d'être au gouvernement de la volonté, afin qu'elle soit bonne et non mauvaise. En réalité, la mauvaise volonté est celle qui accepte les contraintes sensibles. C'est la volonté sans la raison.

Au demeurant, il se trouve qu'ayant en elle la bonne volonté la personne raisonnable se conduit moralement et agit par devoir. Le devoir est le seul critère de la reconnaissance de la bonne volonté, car « à l'aide du concept de devoir, Kant va pouvoir définir en quoi consiste la bonne volonté »[32]. Cette affirmation dit la prépondérance du devoir dans l'accomplissement d'un acte moral, en montrant que c'est le devoir qui détermine ce qui est à l'origine de la bonne volonté et révèle son contenu.

Étant une obligation morale à remplir, et ce de quoi la bonne volonté tire son fondement, le devoir se détermine comme ce qui donne la possibilité à la bonne volonté de différencier les actions immorales et les actions morales. En d'autres termes, les actions accomplies conformément au devoir, et celles accomplies par devoir.

La différence tient compte du fait que les premières obéissent aux lois d'ordre naturel, social, religieux, etc.Comprendre le devoir sous cet angle, c'est avoir la même conception que les juristes et les autres hommes de la loi. C'est-à-dire, faire allusion aussi bien au droit, aux institutions qu'à la société, à ses règles, bref à son fonctionnement.

A contrario, accomplir une action par devoir renvoie à l'idée que le devoir est une nécessité à laquelle l'homme est

---

[32] Otfried Höeffe, *Introduction à la philosophie pratique de Kant*, Paris, Vrin, 1993, p. 66.

tenu pour accomplir une action morale rien que par respect pour la loi morale. Ainsi, le devoir au sens kantien du terme se comprend comme : « un effort spécifique de la raison pour taire les passions, les pulsions ; bref tout ce qui émane de la sensibilité. Autrement dit, c'est la capacité de la raison à s'imposer au-dessus des désirs, des penchants »[33]. Cela veut dire que c'est la raison intervenant dans le devoir qui donne à l'homme de se conduire moralement, en dehors de tout intérêt et de tout penchant, indépendamment de but et du désir.

Cela étant, il y a lieu de noter que, parlant du devoir, on ne saurait faire mention ni de l'animal ni de Dieu. Pour la plus simple raison que les dispositions naturelles de l'animal sont telles qu'il ne peut agir que par l'instinct. Chez lui, il n'y a que la naturalité. Dieu cependant, étant un être suprême, immatériel, intelligible, esprit pur, a en lui la perfection, tout en lui est bon, et sa volonté purement est sainte. Automatiquement, le devoir n'a plus aucune fonction quant à parler de Dieu. C'est d'ailleurs ce que rappelle Ortfried Höeffe lorsqu'il affirme : « Pour des êtres de pure raison (intelligence pure : Dieu) qui, exclusivement, ne font que le bien, le concept de devoir est sans objet et sans fonction ».[34] De là, ressortent deux positions extrémistes auxquelles le devoir échappe. À l'animal à cause de son unique caractéristique, et à Dieu à cause de sa perfection. L'homme est le seul à qui le devoir s'impose, parce qu'il est face à une alternative qui est la raison et la sensibilité, deux pôles entièrement opposés. C'est ce fait d'être à la fois un être de raison et un être sensible qui caractérise sa finitude.

---

[33] Davy Aymar Ibata Okemba, op.cit, p. 32.
[34] Otfried Höeffe, op.cit., p. 67.

C'est pourquoi, contrairement à Aristote qui parle tout uniment d'un être raisonnable, Kant parle d'un être raisonnable mais fini. C'est sa condition de finitude qui lui permet de tendre vers la perfection en agissant par devoir. Quoiqu'il dépende quelque peu de la nature, il est cependant capable de se déterminer par la raison.

De la sorte, à travers la volonté et la raison, le devoir aide l'homme à s'imposer sur la sensibilité. Cette capacité de l'homme à s'imposer sur la sensibilité passe sans conteste par un mobile moral que Kant appelle le respect. Il s'agit tout simplement du strict respect de la loi morale. Un respect à défaut duquel l'homme, à cause de sa finitude, ne demeurera pas moins de façon constante dérangé par la sensibilité. La spécificité du devoir dans la clarification de la bonne volonté se comprend donc dans le respect de la loi, car la bonne volonté est un agir par devoir. Il faut cependant signaler que c'est le devoir qui annonce l'universalité de la loi, ce que Kantprivilégie d'ailleurs.

Le devoir entendu donc comme loi pratique de l'action humaine est le principe de la bonne volonté qui gère les actions morales en s'appuyant sur la raison qui, par conséquent, fait abstraction de toutes tendances individuelles et lui permet de tendre vers l'universalité. Voilà pourquoi, nous avons énoncé supra la bonne volonté comme ouverture à l'universalité.

Ainsi, le devoir se révèle comme l'élément fondamental de la moralité, ou, mieux, la moralité en elle-même. Cela en ceci qu'il permet à l'homme, à travers l'authentique vouloir intérieur qui est en lui, d'agir moralement en faisant sa propre volonté, sans pour autant être influencé par la sensibilité. Parce que, ce qui compte pour l'homme dans la moralité, c'est l'obéissance au commandement de sa propre raison. C'est ce respect de la loi qui lui montre la conduite à tenir. Il en résulte que vivre moralement, c'est vivre selon le devoir. Là encore Kant a réalisé qu'il n'est pas toujours possible de connaître ce que l'homme est intérieurement, encore moins ce qu'il pense. Par conséquent, la morale réalisée par le devoir lui permet d'établir un distinguo entre les actions conformes au devoir.

Les actions réalisées conformément au devoir résultent de la légalité, déclare Kant. La légalité renvoie au droit, qui d'une manière ou d'une autre conduit les hommes à un certain bien, mais un bien tout simplement relatif, un bien radicalement différent du bien absolu qui réside dans la bonne volonté, et qui permet à l'homme d'agir inconditionnellement, en respectant le commandement de sa propre raison. Kant a donné moult exemples pour justifier les actions conformes au devoir. Le premier cas est celui d'un commerçant qui sert loyalement sa clientèle. Il met tout simplement en application la loi de l'interdiction du vol, ou encore il le fait pour conserver sa clientèle. Cette façon d'agir comme nous le constatons renferme un intérêt. Ce qui est déjà immoral.

Aussi, conserver sa vie en évitant le suicide est conforme au devoir, stipule Kant. Parce que, l'on doit nécessairement se demander à quoi on obéit. Si on obéit à l'instinct de conservation ou encore à l'amour de la vie, il ne se pose guère de problèmes, car il y a derrière cet agir ni calcul, ni intérêt, l'action étant immédiate. Toutefois, cette même action peut conduire à la sensibilité, et être dite immorale, si le fait de vouloir conserver sa vie s'accompagne d'un motif comme la crainte de la mort ou encore la crainte de souffrir. Au reste, assurer son bonheur ne serait pas non plus morale, car celui qui veut le bonheur obéit à une inclination, et est mû par la sensibilité. Pour Kant, la seule fonction de la volonté morale est d'agir par devoir, et non agir pour parvenir au bonheur.

Contrairement aux actions conformes au devoir, où possibilité il y a que l'intention de l'homme bascule quelquefois dans un intérêt ou dans un profit, les actions accomplies par devoir sont celles qu'on réalise en obéissant à la loi morale. Ce sont des actions qui font abstraction des penchants, des sentiments, des désirs et de l'intérêt. Tel est en effet le critère de leur connaissance, et ce sur quoi se fonde véritablement la morale de Kant. De la sorte, il n'y a morale chez Kant que lorsque les actions sont accomplies par devoir, par respect pour la loi morale, et en vue d'un intérêt quelconque. De façon un peu subtile, nous constatons que l'agir par devoir implique la liberté de l'homme, dans la mesure où il agit sans qu'il y ait une force extérieure qui le contraigne. Ainsi pouvons-nous dire que les actions accomplies par devoir sont de l'ordre de la liberté pratique. Cette liberté, en raison de son indépendance vis-à-vis du sensible, et du fait qu'elle permet à l'homme de vivre rationnellement, s'éloigne du champ de l'impératif hypothétique (qui, avons-nous mentionné, subordonne le commandement au but à atteindre), et se rattache à l'impératif catégorique qui est ce qui jette ses bases. Qu'en est-il de cet impératif ?

IV-2- L'impératif catégorique

À l'opposé d'un impératif hypothétique qui commande l'action en vue d'une fin, l'impératif catégorique commande inconditionnellement. C'est parce que les mobiles empiriques (penchants, désirs, etc.) tentent toujours de compromettre la volonté que la raison doit imposer sa domination à travers la loi, qui se présente à la volonté sous forme d'un commandement, d'un devoir. Si tant est que "le devoir soit un concept qui doit posséder une signification et contenir une législation effective pour nos actions, cette dernière ne saurait être exprimée que dans les impératifs catégoriques"[35]. De ces propos, il apparaît que le devoir peut être défini comme un impératif catégorique. Que le devoir soit un impératif signifie qu'il se présente comme un commandement, comme une obligation morale à laquelle l'on doit obéir. C'est donc pour la volonté qu'il faut s'affranchir des mobiles et motifs sensibles et subjectifs ou, au sens purement kantien, de tout ce qui est pathologique. Ce qui est pathologique chez Kant, c'est ce qu'il oppose à *pratique* ou à *moral,* donc ce qui est déterminé par la sensibilité. L'impératif catégorique est donc un impératif qui déclare l'action objectivement nécessaire par elle-même, donc en dehors de toute relation à une quelconque fin. C'est-à-dire, sans la moindre autre fin, l'impératif catégorique vaut un principe apodictiquement pratique. Parce que l'action qu'il commande est déjà nécessaire et objective (ici le terme objectif renvoie à ce qui est universel).

Du point de vue de la moralité, l'impératif catégorique est dit « apodictique ». Selon Kant, il présente une action comme nécessaire en elle-même. Dans l'impératif catégorique, l'action commandée est donc de caractère universel et nécessaire, une action bonne en soi. L'impératif catégorique jette les bases de la liberté pratique dans la mesure où l'homme qui se soumet à la loi morale qui est un principe objectif n'obéit qu'à lui-même sans intermédiaire.[36]

Par ailleurs, il est d'une extrême importance, en ce qui concerne le problème de la possibilité de l'impératif catégorique, de savoir avant tout le contenu de l'impératif catégorique, avant de savoir comment agir moralement.

---

[35] Emmanuel Kant, *Fondements de la métaphysique des mœurs,* op.cit. p. 102.
[36] Davy Aymar IBARA OKEMBA, op. cit, p. 43.

Cela étant, Kant se rend bien compte que le simple concept d'un impératif catégorique fournit la formule. Et c'est cette formule qui est son contenu, et qui est devenue une législation universelle. C'est pour ainsi dire, en plus de la loi, l'impératif catégorique contient la nécessité pour la maxime de l'homme de se conformer à la loi. De fait, la maxime n'est pas encore la loi, mais le principe subjectif de l'action qui dépend de l'individu, un principe d'après lequel il agit. À ce niveau, elle vaut seulement pour une volonté particulière, et contribue aux besoins naturels de celui qui en est l'auteur. Elle doit cependant devenir universelle et valoir pour toute volonté. Ainsi devient-elle loi, et bonne parce que rendue conforme au principe objectif, qui vaut pour tout être raisonnable, et il constitue le principe d'après lequel il doit agir, donc un impératif. Si tant est que ce soit la conformité à la loi, alors, qui permet à la maxime d'être bonne, et que la maxime au départ n'est pas une loi, alors il faut entendre par loi le principe objectif imposé à l'homme par sa propre raison, indépendante de tout contenu. Elle est une pure forme qui ne s'appuie sur rien, ni ne se soumet à une condition.

L'impératif catégorique ne pouvant être extrait de l'expérience, Kant a pu le déduire de son simple concept. À cet effet, il est unique, et sa formule générale se présente ainsi qu'il suit : « Agis seulement d'après la maxime grâce à laquelle tu peux vouloir en même temps qu'elle devienne une loi universelle »[37]. C'est d'elle en effet que tous les autres impératifs du devoir seront dérivés.

Une autre formule qui est celle que voici : « Agis comme si la maxime de ton action devrait être érigée par ta volonté

---

[37] Emmanuel Kant, *Fondements de la métaphysique des mœurs,* op.cit., p. 97.

en une loi universelle de la nature »[38]. Cette formule est un approfondissement de la première. Cette fois-ci, s'ajoute le terme de nature, qui s'entend, selon Kant, non pas comme une donnée empirique, mais comme une réalité objective, un cadre de l'existence des choses déterminées par des lois universelles.

Par là, nous constatons que Kant met un accent particulier sur le fait que l'homme doit quitter la sphère individuelle et ses tendances égoïstes pour tendre vers l'universel. Ce qui se passe lorsque, par la maxime de son action, il soumet ses principes subjectifs aux lois objectives. Dans la deuxième formule, Kant met l'accent sur la fin, et la fin en soi, parce que l'homme étant un être raisonnable, pourvu d'une volonté, agit toujours en vue d'une fin. Or, il s'avère qu'il existe deux types de fins : des fins subjectives et des fins objectives. Les premières sont celles qui sont relatives à la sensibilité de l'homme, et les secondes celles provenant de la raison, qui sont universelles et nécessaires.

Par ailleurs, il faut noter que Kant considère l'être raisonnable comme la fin possible de la bonne volonté. Les objets des inclinations ont une valeur conditionnelle, mais les êtres raisonnables, eux, ont une valeur absolue, en raison de leur nature qui les distingue déjà comme fin en soi. L'homme est donc une fin unique, originale, universelle voulue par la bonne volonté. Ce point de vue énonce la formule suivante : « Agis de telle façon que tu traites l'humanité, aussi bien dans ta personne que dans la personne de tout autre, toujours en même temps comme fin, jamais simplement comme moyen »[39]. De cette affirmation, nous pouvons retenir que l'homme ne doit pas être considéré

---

[38] Ibidem., p. 98.
[39] Emmanuel Kant, *Fondements de la métaphysique des mœurs,* op. cit., p. 97.

comme un moyen, ou mieux celui que l'on peut utiliser pour réaliser nos désirs, mais tout simplement comme fin en soi.

Considérer l'homme comme fin en soi, c'est voir en lui une efficiente, en raison de sa nature d'être raisonnable, capable de légiférer. C'est-à-dire, capable d'être auteur de sa propre loi. L'homme considéré comme fin en soi est l'homme vu comme possédant une dignité, une valeur intérieure absolue, par laquelle il force au respect de sa personne toutes les autres. C'est à ce niveau que Kant arrive à la troisième formule, qui est le troisième principe pratique de la volonté. Elle est exprimée « en tant que condition suprême de son accord avec la raison pratique universelle, savoir l'idée de la volonté de tout être raisonnable comme volonté légiférant de manière universelle »[40]. Cette formule de l'impératif catégorique regroupe les deux précédentes. Elle explique mieux l'impératif catégorique en montrant précisément sa portée morale dans son sens universel. Elle montre que la volonté n'est soumise à la loi qu'en tant qu'elle est législatrice.

Au terme de ce deuxième chapitre, il sied de noter que la bonne volonté, le devoir et l'impératif catégorique constituent le socle de la morale chez Kant. Nous avons mentionné que l'être raisonnable possède une bonne volonté, qui lui permet d'agir selon les lois de sa propre raison, mieux, selon ses exigences morales.

[40] Ibidem., p. 111.

Conclusion

Eu égard à notre réflexion relative à la théorie de la connaissance et au sens du devoir, nous sommes en droit de dire en dernière instance et de façon laconique que ce travail nous a permis de comprendre la conception kantienne du devoir et comment l'esprit humain vient à connaître les éléments rendant possible une connaissance authentique. Pour ce faire, nous avons eu à montrer, dans un premier moment, au sens large la morale telle que conçue par les anciennes téléologiques, c'est-à-dire une morale qui prône la finalité de l'existence humaine, en particulier le bonheur. Or, il est clair qu'avec Kant on ne peut pas parvenir au bonheur, mais on se rend digne du bonheur. Laquelle dignité passe par le respect de la loi morale. À cet effet, il redéfinit le rôle de la raison. La finalité de la raison ne se réduit pas à celle de l'instinct, et que la destination d'un être raisonnable est d'une autre nature, et raison n'est pas le bonheur, ni la propension aux penchants de quelque nature que ce soit, comme cela apparaît dans la morale antique, mais tout simplement la moralité. Pour Kant, la morale ne commande pas par les moyens, mais un comportement qui a pour lui-même sa valeur.

L'homme doit donc se débarrasser de sa nature sensible au profit du bien absolu. Il doit nécessairement parvenir à vivre libre pratiquement, en obéissant à la bonne volonté, en agissant par devoir, et en suivant rigoureusement les impératifs moraux. Le devoir, sans l'ombre d'un doute, est la moralité elle-même, car il détermine ce qui est à l'origine de la bonne volonté et constitue son contenu, il est également la nécessité que l'homme doit avoir pour accomplir une action morale, rien que par respect pour la loi morale. Laquelle loi devient un impératif, dicte et montre à la volonté ce qui est à faire. Ceci laisse voir que l'analyse kantienne de la moralité accorde une place centrale à la notion du devoir. Car, l'action moralement bonne est une action faite par devoir, hors de tout mobile sensible.

Dans un dernier moment, nous avons montré, pour ce qui est de la théorie de la connaissance, ce qui a constitué la pomme de discorde entre les empiristes et les rationalistes. En effet, les empiristes, eux, ne partagent pas l'idée selon laquelle nous naissons avec certaines idées formées, comme celles de Dieu, et que la connaissance n'émane pas de la raison. Les rationalistes, quant à eux, sont aux antipodes des empiristes qui font de l'expérience la source de la connaissance. Car, pour les rationalistes, la connaissance est rationnelle. C'est donc sur ces entrefaites qu'intervient le criticisme kantien afin de départager ces deux courants précités. Le criticisme kantien est compris ici comme la synthèse du rationalisme et de l'empirisme en ce sens qu'il prétend avec véhémence l'idée selon laquelle la connaissance résulte de l'union entre la sensibilité et l'entendement. Aucun élément des deux ne doit être privilégié au détriment de l'autre. De ce fait, force est de signifier que le rationalisme kantien n'exclut pas l'expérience sensible, mais la soumet à des formes a priori qui la rendent possible. Cependant, ce que Kant reproche aux empiristes, c'est tout simplement le fait qu'ils mettent au rebut la raison ou l'entendement. Et aux rationalistes, à l'instar de Descartes, Leibniz et Wolf, Kant réprouve le fait qu'ils considèrent la raison comme quelque chose capable d'atteindre les réalités nouménales. Fort de ces élucubrations philosophiques, il sied de noter que la connaissance authentique n'est possible que par le truchement des formes pures a priori, à savoir l'espace et le temps.

Bibliographie

Kant Emmanuel, *Fondement de la métaphysique des mœurs,* trad. de l'allemand par Alain Renault, Paris, Flammarion, 1994.

Kant Emmanuel, *Critique de la raison pratique,* trad. de l'allemand par François Picavet, Paris, P.U.F, 1966.

Kant Emmanuel, *Critique de la raison pure,* Gallimard, Paris, 1980.

Kant Emmanuel, *Prolégomènes à toute métaphysique future,* Paris, Jean Vrin, 1993.

Hoeffe Otfried, *Introduction à la philosophie pratique de Kant*, Paris, Jean Vrin, 1993.

Chatelet François, *La philosophie : de Kant à Husserl,* T. 3, Belgique, Marabout, 1979.

Epictète, *Manuel,* trad. du grec par Claude Chrétien, Paris, Hatier, 1988.

Aristote, *Éthique de Nicomaque*, trad. du grec par Jean Voilquin, Paris, Flammarion, 1965.

Vanniet Guillaume, *Les grands courants de la pensée moderne,* Armant Colin, Paris, 1999.

Descartes René, *Méditations métaphysiques,* coll. « les classiques Hatier de la philosophie », Hatier, 1999.

Descartes René, *Œuvres, lettres*, Gallimard, Paris, Année d'édition anonyme.

Hume David, *Enquête sur l'entendement humain,* Flammarion, Paris, 1983.

Leibniz, *Discours de métaphysique,* Paris, Jean Vrin, 1984.

Locke John, *Essai sur l'entendement humain,* Paris, Jean Vrin, 1972.

Mavouangui David, *Emmanuel Kant : introduction à sa philosophie critique,* Paris, Paari, 2003.

Platon, *Phédon,* trad. De Guillemit, Paris, Jean Vrin, 1986.

Table des matières

PHILOSOPHIE
AUX ÉDITIONS L'HARMATTAN

Dernières parutions

MACHIAVEL ET LA COMMUNICATION POLITIQUE

Sagar Seck

Cet ouvrage montre comment la communication politique a subi l'influence des préceptes du Prince, ceci même si l'oeuvre de Machiavel n'a pas toujours été lue. Néanmoins, l'étrange familiarité qui lie Machiavel au mal, dans sa pensée politique, semble relever d'une nécessité qui souvent commande les rapports gouvernants-gouvernés. Ce lien entre Machiavel et les politiques modernes se lit surtout à travers l'évocation d'une expression propre au pouvoir et que dissimule le politique grâce aux médias, ce qui décrit un nouveau rapport entre pouvoir et presse.

(Coll. Questions contemporaines, 296 p., 31 euros)

ISBN : 978-2-343-18211-7, EAN EBOOK : 9782140131721

CRISE DANS LA REPRÉSENTATION
Photographie, médias & capitalisme, 3
Corée / France

Sous la direction de François Soulages

Le problème de la présence oblige à mettre en oeuvre la représentation, comme si, pour l'être humain, la présence ne pouvait se suffire à elle-même et devait s'accompagner de représentation et de langage. Mais la représentation fait elle-même problème au point qu'il y a crise dans la représentation. En effet, les hommes hésitent entre croyance et doute face aux représentations : qu'elles soient celles des médias, de la photographie, de l'économie ou de la politique, c'est une crise généralisée de et dans la représentation.

(Coll. Eidos, 200 p., 20,5 euros)

ISBN : 978-2-343-18640-5, EAN EBOOK : 9782140131639

LA RÉPUBLIQUE DÉMOCRATIQUE DU CONGO, PRODIGUE OU PRODIGE ?
Essai d'une philosophie politique et d'une théologie pour le Congo

Justin Adriko Mundua

Quelle philosophie politique et quelle théologie pour l'Afrique, en général, et pour le Congo, en particulier, en ce vingt et unième siècle qui totalise bientôt deux décennies ? Devant le paradoxe congolais, l'auteur propose de passer de la répétition des pensées philosophiques et théologiques d'importation à une pensée philosophique et théologique propre au Congo et à même de répondre aux défis du moment. Le livre se veut une réponse à la quête identitaire multiséculaire des Congolais et, plus largement, des Africains.

(Coll. Droits, Sociétés, Politiques "Afrique des Grands Lacs", 262 p., 26 euros)

ISBN : 978-2-343-17428-0, EAN EBOOK : 9782140130632

DE L'AMOUR IMAGINAIRE À LA PLÉNITUDE DU MANQUE

Christian Martin

Il semble n'exister aucune borne à la férocité de l'homme envers son semblable. L'amour ment à longueur de journée. Peut-être parce qu'il recouvre d'une même lumière diffuse la passion érotique, l'attachement, l'amitié et l'amour du prochain tout autant que l'espoir illusoire de toutes nos névroses. Écartelé entre égoïsme et altruisme, je peux établir une relation d'amour avec l'autre en le considérant comme un objet, un miroir, une idée désincarnée ou un sujet de droit. Mais qu'il soit pulsion, fusion, communion ou communication, l'amour est une construction sociale imaginaire. L'amour communicant et respectueux semble se différencier positivement des autres formes qui tentent de combler un manque primordial.

(Coll. Ouverture Philosophique, 252 p., 25 euros)

ISBN : 978-2-343-18396-1, EAN EBOOK : 9782140131233

CHILI : LES SILENCES DU PARDON DANS L'APRÈS PINOCHET

Javier AGUERO AGUILA

Le philosophe chilien Javier Agüero Águila a consacré ses recherches à la psychanalyse, à la philosophie française contemporaine - avec une attention toute particulière à la pensée de Jacques Derrida -, à la « philosophie politique » : la violence, la démocratie et les droits de l'homme, l'hospitalité, la communauté et l'extranéité, la marginalité mais encore l'héritage, la mémoire, l'oubli, le pardon, etc. C'est autour du pardon que ce livre s'organise, engageant un débat sur le processus chilien de transition et de démocratisation mis en oeuvre après la dictature militaire de Pinochet.

(Coll. La philosophie en commun, 252 p., 26 euros)

ISBN : 978-2-343-17784-7, EAN EBOOK : 9782140130779

ENTRER EN PHILOSOPHIE ANTIQUE

Barthélemy Kabwana Minani

Face aux interrogations de la vie, la philosophie se déploie pour libérer l'homme du fanatisme et de l'étroitesse d'esprit. Elle lui apprend à marcher et lui montre le chemin. La philosophie antique, née en Afrique (Égypte), s'est étendue sur les rivages de l'Asie Mineure et à la Sicile, avant de se fixer à Athènes puis à Rome. Les grandes écoles de la philosophie antique embrassent tous les domaines, de la métaphysique aux sciences. Entrer en philosophie, c'est d'abord apprendre à penser par soi-même, c'est aussi se jucher sur les épaules des géants qui nous ont précédés.

(Coll. Pour Comprendre, 208 p., 21,5 euros)

ISBN : 978-2-343-18279-7, EAN EBOOK : 9782140130823

PENSER L'ENTRE-DEUX

Potentialités, devenir, visage

Emmanuel·le·s Weislo

85 000 antonymes organisent nos perceptions et relations dans une culture de l'opposition : l'un ou l'autre, sans alternatives. Cet « ordre des choses » imprègne nos pensées. Pourtant, le réel résiste à nos regards et se dessine le plus souvent en entrelacs, métissages, oscillations. Alors, comment penser cet entre-deux ? En déport d'une

« pensée duelle » qui sépare et réduit, il s'agit de laisser émerger une pensée qui distingue et relie, invitant à prendre en compte la diversité, la complexité et la continuité du monde pour observer des potentialités et des relations d'intérité qui façonnent le « devenir visage » de chaque personne.

(Coll. Ouverture Philosophique, 224 p., 23,5 euros)

ISBN : 978-2-343-18241-4, EAN EBOOK : 9782140130243

GASTON BACHELARD, L'INATTENDU

Les chemins d'une volonté

Jean-Michel Wavelet

Comment Bachelard, fils d'un cordonnier, professeur de physique et chimie, a-t-il pu devenir cet humaniste aussi savant que philosophe, aussi penseur que poète ? Il n'a pas emprunté les chemins balisés, ceux des élites universitaires et culturelles. Il a contrarié les pronostics et les conventions. Il s'est adjugé contre vents et marées le droit de penser par lui-même en bousculant les frontières des savoirs et de la culture et en dérangeant les us et coutumes établis. « Un ouvrage aussi lumineux que la destinée et l'oeuvre de Gaston Bachelard. Au plus près de sa vie et de sa pensée. » (Philippe Meirieu)

(Coll. Biographies, 278 p., 29 euros)

ISBN : 978-2-343-18246-9, EAN EBOOK : 9782140130168

SOPHIE CALLE

Regard sur autrui : du déséquilibre à l'imaginaire

Hwamin Shin

Préface de François Soulages

À notre époque, nous sommes aux extrêmes : soit surexposés, soit isolés du regard. Entre le regard sur autrui et le regard d'autrui, comment pouvons-nous définir et accepter le regard sans nous détruire ? À quel point est-il fidèle et comment révèle-t-il la réalité, l'existence de ce qui est regardé ? Comment le regard sur autrui peut-il jouer sur et avec l'existence de l'être humain, et de l'oeuvre ? Face à cette question, Sophie Calle présente sans cesse autrui dans des créations plutôt autobiographiques. Elle pose des questions existentielles pour établir un rapport à l'autre, un rapport au regard. Avec ses oeuvres, le problème du regard sur autrui ou d'autrui passe du déséquilibre à l'imaginaire.

(Coll. Eidos, 120 p., 14 euros)

ISBN : 978-2-343-18404-3, EAN EBOOK : 9782140129728

ETAT D'EXCEPTION

La forme juridique du néolibéralisme

Rafael Valim

Dans un contexte où un certain bavardage médiatique constituait alors sans doute autant un masque idéologique, qu'il n'était le signe d'un profond désarroi intellectuel devant la brutalité des changements à l'oeuvre, le livre de Rafael Valim offrait déjà, et offre plus que jamais aujourd'hui, des outils précieux pour penser le présent du Brésil, et, plus largement, celui des États de droit démocratiques à l'ère néo-libérale.

(Coll. La philosophie en commun, 76 p., 11 euros)

ISBN : 978-2-343-18371-8, EAN EBOOK : 9782140129629

SOIGNER

Les limites des techno-sciences de la santé

Jean-Jacques Wunenburger

Les avancées de la médecine comme ses risques, excès ou dysfonctionnements conduisent à nous interroger sur la primauté affichée du techno-scientisme dans le champ de la santé, sur les idéaux de performance et les idéologies de la toute-puissance rationnelle de la biomédecine.

EME éditions (Coll. Transversales philosophiques, 190 p., 19 euros)

ISBN : 978-2-8066-3690-4, EAN EBOOK : 9782806651709

PHOTOGRAPHIE & (RE)CONSTRUCTION D'HISTOIRES

Alejandro Erbetta

Préface de Leonor Arfuch

Dans les démarches rétrospectives qui réinterprètent le passé, les artistes travaillent à partir des traces matérielles et mnésiques, telles que les images d'albums de famille, les archives, les documents ou les témoignages. Leurs oeuvres deviennent une recréation artistique, et postulent un espace narratif singulier qui évoque une poétique de la mémoire. Partielles et fragmentaires, elles donnent à voir un récit reconfiguré par l'imaginaire et le montage. Mais peut-on reconstruire une histoire fragmentée et dispersée par le montage ? Comment remplir les vides ? En quoi et pourquoi la photographie peut-elle jouer un rôle important entre passé et présent ? Quelles relations établir entre mémoire, reconstruction et identité, entre histoires individuelle et collective ?

(Coll. Eidos, 164 p., 17,5 euros)

ISBN : 978-2-343-18421-0, EAN EBOOK : 9782140129315

BRÈVE PHILOSOPHIE DE LA CONSTITUTION

De Cicéron à René Girard

Analyse et psychanalyse des systèmes constitutionnels

Paul Dubouchet

En ce moment propice aux débats sur la Constitution, la souveraineté du peuple, la démocratie directe, cet essai veut donner un aperçu historique, politique et philosophique du problème, à partir d'une seule idée directrice repensée dans la perspective de la « théorie mimétique » de René Girard : l'opposition établie par Giovanni Lobrano entre le « modèle ancien ou romain », seul vrai modèle républicain, et le « modèle moderne ou germano-anglais », d'origine féodale.

(Coll. Ouverture Philosophique, 172 p., 18 euros)

ISBN : 978-2-343-17984-1, EAN EBOOK : 9782140128882

Structures éditoriales du groupe L'Harmattan

L'Harmattan Italie
Via degli Artisti, 15
10124 Torino
harmattan.italia@gmail.com

L'Harmattan Hongrie
Kossuth l. u. 14-16.
1053 Budapest
harmattan@harmattan.hu

L'Harmattan Sénégal
10 VDN en face Mermoz
BP 45034 Dakar-Fann
senharmattan@gmail.com

L'Harmattan Cameroun
TSINGA/FECAFOOT
BP 11486 Yaoundé
inkoukam@gmail.com

L'Harmattan Burkina Faso
Achille Somé – tengnule@hotmail.fr

L'Harmattan Guinée
Almamya, rue KA 028 OKB Agency
BP 3470 Conakry
harmattanguinee@yahoo.fr

L'Harmattan RDC
185, avenue Nyangwe
Commune de Lingwala – Kinshasa
matangilamusadila@yahoo.fr

L'Harmattan Congo
67, boulevard Denis-Sassou-N'Guesso
BP 2874 Brazzaville
harmattan.congo@yahoo.fr

L'Harmattan Mali
Sirakoro-Meguetana V31
Bamako
syllaka@yahoo.fr

L'Harmattan Togo
Djidjole – Lomé
Maison Amela
face EPP BATOME
ddamela@aol.com

L'Harmattan Côte d'Ivoire
Résidence Karl – Cité des Arts
Abidjan-Cocody
03 BP 1588 Abidjan
espace_harmattan.ci@hotmail.fr

L'Harmattan Algérie
22, rue Moulay-Mohamed
31000 Oran
info2@harmattan-algerie.com

L'Harmattan Maroc
5, rue Ferrane-Kouicha, Talaâ-Elkbira
Chrableyine, Fès-Médine
30000 Fès
harmattan.maroc@gmail.com

Nos librairies en France

Librairie internationale
16, rue des Écoles – 75005 Paris
librairie.internationale@harmattan.fr
01 40 46 79 11
www.librairieharmattan.com

Librairie l'Espace Harmattan
21 bis, rue des Écoles – 75005 Paris
librairie.espace@harmattan.fr
01 43 29 49 42

Lib. sciences humaines & histoire
21, rue des Écoles – 75005 Paris
librairie.sh@harmattan.fr
01 46 34 13 71
www.librairieharmattansh.com

Lib. Méditerranée & Moyen-Orient
7, rue des Carmes – 75005 Paris
librairie.mediterranee@harmattan.fr
01 43 29 71 15

Librairie Le Lucernaire
53, rue Notre-Dame-des-Champs – 75006 Paris
librairie@lucernaire.fr
01 42 22 67 13